별을 사랑한 시인 **윤동주**

별을 사랑한 시인 윤동주

소중애 글 | 최현묵 그림

차례

작은 기적 … 6

별을 사랑한 시인 윤동주 … 13

동주의 눈 … 20

책만 읽는 바보 … 27

다정한 오빠 … 32

서로 다른 꿈 … 38

독립군과 시인 … 41

맹자를 사랑한 아이 … 46

중학생이 된 동주 … 51

외톨이가 된 동주 … 58

오줌싸개 지도 ··· 63

하늘과 바람과 별과 시 ··· 68

아, 윤동주 ··· 73

윤동주 선생님을 찾아서 ··· 82

젊은 오빠 윤동주 선생님 ··· 89

꼬마 시인 ··· 94

윤동주 선생님 미안해요 ··· 99

작가의 말 ··· 104
윤동주 시인이 살아온 길 ··· 106

작은 기적

나는 시를 외우면서 가슴을 팡팡 쳤어요.
"아 참 큰일 났네."
시가 외워지지 않아요.
 학교에서 '윤동주 시 낭송 대회'가 있어서 나도 나가기로 했거든요.

아빠가 윤동주 선생님의 '반딧불' 동시를 골라줬어요. 여섯 줄밖에 안 되는 짧은 동시인데 외워지지 않아요.

나는 아빠 글 쓰는 방으로 달려갔어요. 우리 아빠는 동화 작가예요. 글 쓰는 방에서 일하실 때는 엄마도 나도 방해하지 않아요. 그런데 지금은 너무 급해요.

"별아, 왜?"

아빠가 놀라서 물었어요.

"아빠. 도와주세요. 시가 외워지지 않아요."

아빠가 빙긋 웃으셨어요.

"몸으로 외워 보렴."

"예?"

아빠가 일어나 걷는 시늉을 했어요.

"시를 외우면서 율동을 하는 거야. '가자 가자 가자 숲으로 가자' 할 때는 이렇게 걸으며 외우는 거야."

난 손뼉을 짝 쳤어요.

"아하! 아빠, 그럼 '달 조각을 주우러'는 어떻게 해요?"

아빠가 손을 흔들었어요.

"별이 네가 생각해 봐. 별이 넌 일학년 때부터 노래하면서 율동을 잘했잖아. 이제 3학년이니깐 더 잘할 수 있을 거야."

"알았어요!"

나는 내 방으로 뛰어갔어요. 시를 외우면서 율동을 만들었어요.

반딧불

윤동주

가자 가자

가자 숲으로 가자

달 조각을 주우러 숲으로 가자

그믐밤 반딧불은

부서진 달 조각

가자 가자

가자 숲으로 가자

달 조각을 주우러 숲으로 가자

율동을 하면서 외우니깐 재미있어요. 그리고 기적이 일어났어요! 겨우 세 번 연습했는데 시를 다 외우게 됐어요.

"와우!"

드디어 '윤동주 시 낭송 대회' 날이 되었어요. 넓은 체육관에 전교생이 빽빽이 앉아 있었어요. 내 차례가 되어 무대에 올라가니 덜덜 떨렸어요.

"반딧불… 윤동주…….."

시가 생각나지 않았어요.

"별아, 빨리해."

우리 반 애들이 눈치도 없이 떠들었어요. 무대 위를 걸었어요. 그러자 시가 술술 나왔어요. 나는 율동을 하면서 시를 낭송했어요.

"멋있다!"

"별이 최고!"

율동 하면서 시 낭송하는 애는 나뿐이라서 인기 최고였어요. 나는 우리 학년에서 1등 했어요.

집으로 달려와 자랑했어요.

"엄마, 아빠 저 일등 했어요. 도서상품권도 받았어요."

"별이야, 축하해. 어떻게 했는데 1등 했어? 엄마랑 동생에게도 들려줘."

엄마가 불쑥 나온 배를 쓰다듬으며 웃으셨어요. 조금 있으면 내 동생이 태어날 거예요. 아빠도 엄마 옆에 앉아서 시 낭송을 기다렸어요.

"반딧불…. 윤동주."

나는 걷고, 달 조각 줍는 시늉을 하고, 손으로 별을 만들어 반짝이며 시를 낭송했어요. 엄마, 아빠가 박수를 쳐 주셨어요.

"별아, 정말 잘했어."

엄마가 칭찬하셨어요.

그때 아빠가 깜짝 놀랄 말을 하셨어요.

"별아, 아빠랑 중국 가자."

"예?"

"아빠가 윤동주 선생님에 대한 글을 썼거든. 윤동주 선생님이 사셨던 중국에 가서 사진을 찍어 오려고 해. 책에 실릴 사진이야. 함께 가자."

나는 깡충깡충 뛰었어요.

"좋아요. 저도 중국 가고 싶어요."

아빠가 글 쓰는 방에서 뭔가 들고 나오셨어요.

"이건 아빠가 윤동주 선생님에 대해 쓴 글이야. 중국 가기 전까지 읽어 봐. 숙제야."

두 손으로 아빠의 원고를 받아 들었어요. 대답도 크게 했어요.

"예! 숙제 잘하겠습니다!"

별을 사랑한 시인 윤동주

별이 빛나는 밤에 태어난 아이.

독일과 일본은 세계 여러 나라를 상대로 전쟁을 일으켰어요. 독일은 유럽을 점령하려고 했어요. 일본은 아시아 모든 나라를 점령하려고 했고요. 세계 2차 대전이었지요.

우리나라는 일본에 점령당해 어둡고 힘든 시절을 보내고 있었어요.

1917년 12월 30일 중국 길림성 명동.

조용하고 추운 밤이었어요. 등잔 기름을 아끼기 위해 모두들 일찍 불 끄고 잠이 든 밤이었어요. 마을 전체가 깜깜한데 유독 명동학교 윤영석 선생님의 집만 불빛이 환했어요.

"아직 소식이 없는가?"

부엌에서 윤영석 선생님 누나가 커다란 가마솥에 물을 끓이고 있었어요. 등에는 갓난아기 몽규가 업혀있었어요.

"몽규야, 조금 있으면 네 사촌 동생이 태어날 거야. 동생하고 사이좋게 지내야 한다."

어머니가 말했지만 몽규는 콜콜 잠만 잤어요.

그때 방안에서 아기 울음소리가 들려왔어요.

"으앵, 으앵."

울음소리에 이어 기쁨에 찬 할머니의 목소리가 들려왔어요.

"아들이야. 윤씨 집안 장남이 태어났어!"

　할머니 말에 집안은 떠들썩 잔치 분위기가 됐어요. 윤영석 선생님은 싱글벙글 기쁨을 참지 못하고 마당으로 뛰어나왔어요. 낯선 중국 땅에서 얻은 아들이기 때문에 더욱 기뻤어요.
　"주님, 감사합니다."
　윤영석 선생님은 감사의 기도를 올렸어요. 기도를 마치고 하늘을 올려다보니 하늘에는 주먹만 한 별들이 쏟아질 듯 가까웠어요. 별들은 방금 태어난 아이에게 축복을 내리듯 환하게 빛났어요.
　윤동주.

이날 태어난 아이가 바로 자랑스러운 우리나라 시인 윤동주예요.

동주는 고종사촌 형 몽규랑 함께 무럭무럭 잘 자랐어요.

"과수원에 가서 사과 따 먹자."

무슨 일이든지 항상 몽규가 앞장섰어요. 석 달 먼저 태어난 몽규를 동주는 형, 형 부르며 잘 따랐어요.

"응. 좋아."

두 아이는 타작 마당이나 과수원을 뛰어다니면서 놀았어요. 실과 바늘처럼 항상 함께 다녔지만 두 아이 성격은 아주 달랐어요.

몽규는 나무로 깎아 만든 총을 갖고 전쟁놀이하는 것을 좋아했어요.

"빵. 빵. 빵. 만세! 내가 일본군을 물리쳤다."

몽규가 보리밭 고랑을 뛰어다니면서 총싸움 놀이하면 동주가 걱정했어요.

"아, 형, 조심해. 종달새가 놀랜단 말이야. 얼마 전에 알에서 새끼가 나왔단 말이야."

몽규가 장난삼아 닭과 병아리를 쫓아다니면.

"아이참. 그러면 닭과 병아리들이 힘들잖아. 그만해."

동주가 못하게 말렸어요. 어렸을 때 닭과 병아리를 키웠던 기억은 나중에 동주에게 동시가 되었어요.

병아리

윤동주

"뾰, 뾰, 뾰

엄마 젖 좀 주"

병아리 소리.

"꺽, 꺽, 꺽

오냐, 좀 기다려"

엄마닭 소리.

좀 있다가

병아리들은 엄마 품으로

다 들어갔지요.

동주는 생각이 깊고 뭐든지 찬찬히 살펴봤어요. 어머니가 한복을 만들어 주면 그냥 입지 않고 요리조리 살펴봤어요.

"세상에서 어머니 바느질 솜씨가 제일 좋을 거예요."

살펴보고 느낀 것들은 마음속에 차곡차곡 담아 두었어요. 동주는 다른 남자애들과 달리 꽃, 별 그런 것들을 사랑했어요.

그런 동주를 보고 아버지는 걱정했어요.

"남자애가 너무 착하고 마음이 여려서 걱정이야."

동주의 눈물

동주와 몽규는 밤이 되면 아버지에게 한글을 배웠어요. 동주는 유난히 책 읽기를 좋아했어요.

"우리 집에 책이 많았으면 좋겠어요."

읽을 책이 마땅치 않아 동주는 불평했어요.

"조금 더 크면 서울에서 나오는 잡지를 배달시켜주마."

아버지가 약속했어요. 아버지는 글만 가르친 것이 아니에요.

"우리는 대한민국 사람이야. 지금은 일본에게 나라를 빼앗겼지만, 반드시 독립해야 한다. 이 점을 잊지 말아라."

동주와 몽규에게 애국심을 가르쳤어요. 안중근 의사에 대해서도 자주 이야기하셨어요.

"안중근 의사가 한때는 이곳 명동 마을에 와 계셨어. 산에 올라가 총 쏘는 연습을 하시곤 했지. 그리고 하얼빈에서 우리나라의 원수 일본 이토 히로부미 통감에게 총을 쏘았단다.

그분의 애국심을 우리는 본받아야 해."

몽규는 외삼촌(동주 아버지)이 안중근 의사 이야기할 때마다 신이 나서 궁둥이를 들썩였어요.

"외삼촌, 저는 안중근 의사처럼 용감한 사람이 될 거예요. 독립운동을 할 거예요."

그러면 동주는 가만히 고개만 끄덕였어요.

동주가 7살 되던 해였어요.

아버지가 공부하러 일본으로 가게 됐어요.

"아버지도 공부하세요? 아버지는 뭐든지 다 아시잖아요."

어린 동주는 공부하러 일본 가는 아버지가 이상했어요.

"사람은 늙어 죽을 때까지 배워야 한다. 아는 것이 힘이야. 힘이 있어야 일본을 이길 수 있어."

동주는 아버지 말을 마음속에 새겨 두었어요. 아버지가 동주에게 부탁했어요.

"할아버지 할머니 잘 모시고 어머니를 도와 드려라. 잘할 수 있겠느냐?"

동주는 크고 동그란 눈으로 아버지를 올려다보며 다짐했어요.

"아버지 걱정하지 마세요. 아버지 말씀대로 잘하겠습니다."

동주는 아버지와의 약속을 잘 지켰어요. 본래 순하고 착한 아이였는데 더욱더 어른들을 공경하고 집안일을 도왔어요.

"일본에 큰 지진이 났대."

"사람들이 많이 죽었대요."

"남의 나라를 빼앗고 나쁜 짓을 하더니 벌을 받은 거야."

아버지가 일본에 간 지 얼마 되지 않아 일본에 지진이 났어요. 어른들은 일본이 벌을 받는 것이라고 했어요. 얼마 지나지 않아 나쁜 소식이 들려왔어요.

"지진으로 많은 사람이 죽자 그것이 모두 우리나라 사람 탓이라고 헛소문이 돈대요."

"화난 일본 사람들이 우리나라 사람들을 막 죽인대요."

동주는 아버지가 걱정되어 남몰래 울었어요. 밥도 잘 먹지 못했어요. 동주의 걱정을 알게 된 어머니가 안심시켰어요.

"동주야. 걱정하지 마라. 아버지는 무사하실 거야."

어머니 말대로 아버지는 별일 없이 공부를 마치고 돌아왔어요.

9살이 되던 해에 동주와 몽규는 명동소학교(명동초등학교)에 입학했어요.

그 해는 가뭄이 들어 모두 배고픔에 허덕였어요. 그러나 두 아이는 친구들과 어울려 즐거운 학교생활을 했어요.

학교에서는 한글은 물론 한문까지 배웠어요. 비밀리에 애국

가도 배웠어요.

애국가를 부를 때마다 동주는 눈가에 눈물이 어렸어요.

'왜 애국가를 부르면 눈물이 날까?'

어린 동주는 그 이유를 알지 못했어요. 나라를 일본에게 빼앗기고 먼 중국 땅에 와 사는 서러움을 어른들을 통해 잘 알고 있었어요. 그 서러움이 애국가를 들을 때마다 눈물이 되어 흐르는 것을 동주는 몰랐어요.

'에이 참.'

눈을 질끈 감았다가 뜨면 기어이 눈물이 방울져 떨어졌어요. 왜 자신이 눈물을 흘리는지 설명은 못 하지만 나라 잃은 아픔을 가슴 깊이 느끼는 동주였어요.

책만 읽는 바보

"호호호."

몽규가 두 명의 여자아이와 마당에 쪼그리고 앉아 재미있게 웃었어요. 눈꼬리에 웃음을 달고 점이가 말했어요.

"몽규 넌 참 웃긴다. 또 다른 얘기 해 봐."

몽규가 땅바닥에 그렸던 그림을 나뭇가지로 지웠어요.

"이번에는 꿩을 쉽게 잡는 방법을 알려 줄게."

머리를 한 가닥으로 묶은 막분이가 물었어요.

"어떻게 꿩을 잡아?"

"음. 이게 소야."

몽규가 땅바닥에 소 비슷한 것을 그렸어요.

"에잇. 소 같지 않다."

막분이가 그림을 가리키며 웃었어요.

"그럼 얘기 안 할 거야."

몽규가 그림 지우는 시늉을 하자 점이가 달랬어요.
"막분이 넌 가만있어. 몽규야, 얘기해 봐."
"소 궁둥이에 이렇게 엿을 붙어 두는 거야."
몽규는 소 그림 궁둥이에 커다란 동그라미를 그렸어요.
"그다음은?"
점이와 막분이는 벌써 얼굴에 웃음이 가득했어요.
"엿에다 콩을 박아두는 거야."

"왜? 왜 소 궁둥이에 콩을 박아 두는데?"

막분이가 성질 급하게 물었어요. 점이가 가만있으라고 툭 쳤어요.

"꿩들이 콩을 먹으려고 날아올 것 아냐."

"그렇지."

"꿩이 콩을 빼 먹으려고 톡톡 쏘아대면 궁둥이가 근질근질 하니깐 소가 꼬리로 탁 친단 말이야. 그럼 꼬리에 맞아 꿩이 죽어 나자빠지거든."

"정말?"

점이와 막분이는 진짜인가? 거짓말인가? 몽규 눈치를 봤어요.

"정말이야. 저녁때 산에 묶어 둔 소를 데리러 가면 소 궁둥이 아래에 꿩들이 소북이 죽어있다니깐."

"동주야, 지금 몽규가 하는 말, 정말이니?"

점이가 마루에 앉아 책 읽는 동주에게 물었어요. 동주는 책 속에 푹 빠져 점이 말을 듣지 못했어요.

"동주야, 너도 우리랑 놀자."

몽규가 큰 소리로 부르자 동주가 머리를 들었어요.

"싫어. 난 책 읽을래."

"에잇 동주는 책만 읽는 바보야."

막분이가 입을 삐죽였어요.

"맞아. 꼭 계집애 같아."

점이도 맞장구쳤어요.

"너희들 내 동생 흉보면 같이 안 놀 거야."

몽규가 일어났어요.

"그럼 우리도 안 놀 거야."

막분이와 점이도 일어나 치마를 탁탁 털었어요.

"재미없어."

"우리 간다."

여자애들이 가버렸어요. 몽규가 동주 옆으로 와 앉았어요.

"나 때문에 여자애들이 갔네."

동주가 미안한 얼굴을 했어요.

"여자애들이 동주 널 얼마나 좋아하는 줄 아니? 우리 집에 자주 오는 이유도 다 너 때문이다. 그런데 네가 안 놀아 주니깐 삐친 거야."

몽규의 말에 동주의 하얀 얼굴이 볼그스레 물이 들었어요.

다정한 오빠

몽규가 동주가 읽는 책을 들여다봤어요.

"너 벌써 이만큼이나 읽었어? 거의 다 읽었네."

아버지가 약속대로 서울에서 나오는 어린이 잡지 '아이 생활'을 배달해 주셨어요. 동주는 책이 너무 재미있어 손에서 놓을 수가 없었어요.

"응. 빨리 보고 형 잡지 '어린이'와 바꿔 보려고. 형은 얼마나 읽었어?"

몽규도 잡지 '어린이'를 보고 있었어요.

"나도 빨리 읽어야겠다."

몽규가 잡지를 가지러 제 방으로 뛰어갔어요. 책을 가지러 갔던 몽규가 동주 동생 혜원이 손을 잡고 나왔어요.

"외숙모(동주 어머니)가 바쁘시다고 혜원이 좀 보래."

디딜방아 소리가 들려왔어요. 어머니는 어린 남동생 일주를 업고 디딜방아를 찧고 있을 것입니다. 동주가 웃으며 혜원이를 향해 손을 까불렀어요.

"혜원아, 이리 와. 오빠가 책 읽어 줄게."

혜원이가 쪼르르 달려와 동주 옆에 앉았어요.

"책 읽어 줘. 재미난 것 읽어 줘."

혜원이는 턱을 바치고 오빠 동주를 올려다봤어요. 동주는 언제나 동생에게 다정했고 잘 돌봐 줬어요. 동주가 소리 내어 책을 읽기 시작했어요.

"호랑이가 어흥 하니깐 토끼가 깜짝 놀라 달아났어요. 그러자 호랑이가 휙 날아가 토끼 앞을 터억 가로막았어요."

"오빠, 무섭다. 호랑이가 토끼 잡아먹었어?"

혜원이가 동주 옆구리를 파고들었어요.

"아냐. 토끼는 꾀가 많아서 호랑이를 멋지게 골탕 먹일 거야."

옆에서 책을 읽던 몽규가 끼어들었어요.

"토끼는 약해 보이지만 숨은 힘이 있어. 주먹으로 호랑이가 퍽 때렸지. 그랬더니 호랑이가 저만치 나가떨어져 죽었어."

"싫어. 오빠 무서워."

혜원이가 진저리를 치며 동주 품에 파고들었어요. 동주가 동생의 어깨를 토닥였어요. 동주가 다시 글을 읽었어요. 혜원이가 동주 팔에 안겨 잠이 들었어요.

"내가 괜한 말 해서 혜원이 울릴 뻔했다. 미안해."

몽규가 사과했어요.

"아냐. 혜원이가 어리고 겁이 많아서 그래."

동주가 책을 덮고 잠자는 혜원이를 쓰다듬었어요.

며칠 후, 동주와 혜원이는 소리를 죽인 채 마당을 바라보고 있어요. 참새 서너 마리가 마당에서 모이를 쪼아 먹고 있었어요.

"참새가 밥 먹는다."

동주가 혜원이에게 속삭였어요.

"참새. 참새."

혜원이가 어깨를 들썩였어요.

참새들은 두 아이가 바라보는 것도 모르고 여기 촐싹 저기 촐싹 옮겨 다니며 모이를 쪼아 먹었어요. 참새 발자국이 흙

위에 찍혔어요.

"참새들이 공부한다. 발로 글씨를 쓰잖아."

동주 말에 혜원이가 마루를 탁탁 쳤어요.

"참새가 공부해. 공부."

참새들이 푸드덕 날아갔어요. 참새가 날아간 마당에 참새 발자국만 남았어요.

동주는 주위의 모든 것을 사랑하는 마음으로 바라봤어요.

사랑하는 마음으로 본다는 것은 기쁨과 아픔을 함께 느낄 수 있다는 이야기에요. 이렇게 보고 느낀 것은 머릿속에 기억해 두었다가 한 편 한 편 아름다운 시로 썼어요.

방금 보았던 참새도 한참 뒤에 한편의 동시가 되었어요.

참새

윤동주

가을 지난 마당은

하이얀 종이

참새들이

글씨를 공부하지요.

째액째액

입으로 받아 읽으며

두 발로는

글씨를 연습하지요.

하루 종일

글씨를 공부하여도

짹 자 한 자밖에는

더 못 쓰는걸.

서로 다른 꿈

동주가 몽규에게 물었어요.

"형은 커서 무슨 일을 하고 싶어?"

몽규가 씩 웃으며 손가락 총을 만들어 먼 곳을 향해 쏘는 시늉을 했어요.

"안중근 의사처럼 독립군이 되어서 일본군과 싸울 거야. 우리나라 독립을 위해 몸을 바칠 거야."

"멋있다."

"동주 너는 커서 무슨 일을 하고 싶어?"

"나?……."

동주는 머뭇머뭇 대답하지 못했어요. 몽규가 동주 어깨를 탁 쳤어요.

"넌 책 읽기 좋아하고 시 짓기를 좋아하니 시인이 되라."

동주가 자신 없는 목소리로 말했어요.

"… 나도 형처럼 나라를 위해 싸울 거야."

몽규가 주먹으로 자기 가슴을 탁탁 쳤어요.

"나라는 이 형님에게 맡기고 넌 시인이 되는 거야."

동주보다 키와 몸이 작은 몽규였어요. 비록 몸은 작았지만 몽규는 형 노릇을 단단히 하려고 마음먹은 것 같았어요.

'나에게도 몽규형 같은 용감한 마음이 있으면 얼마나 좋을까?'

동주는 마음 약한 자신이 부끄러웠어요.

12살의 나이였어요. 나라를 일본에게 빼앗긴 어려운 때에 커서 무엇을 할 것인가? 꿈을 갖기도 힘들었어요.

"동주야!"

한 반 친구 익환이가 찾아왔어요. 동주와 몽규는 익환이를 반갑게 맞이했어요. 몽규가 방금 동주와 나눈 이야기를 이었어요.

"익환아, 넌 커서 뭐가 되고 싶어?"

"나? 나는 목사가 될 거야. 목사가 되어 하나님 말씀을 사람들에게 전달할 거야."

이미 계획을 세워둔 듯 익환이는 자신에 찬 목소리로 말했어요. 후에 익환이는 유명한 문익환 목사님이 되어 하나님의 말씀을 전파했어요.

　'몽규형이나 익환이는 확실한 꿈을 가지고 있는데…'

　동주는 먼 하늘을 올려다봤어요.

　"아 참, 나, 잡지 빌리러 왔어."

　익환이가 찾아온 이유를 말했어요. 동주와 몽규는 어린이 잡지를 보고 나면 명동소학교 친구들에게 빌려줬어요. 그래서 명동소학교 학생이라면 모두 어린이 잡지 애독자가 되었어요.

독립군과 시인

아이들이 명동소학교 운동장에서 축구를 하고 있어요. 공이 없어 돼지 오줌보에 바람을 넣어 축구공을 만들었어요. 오줌보 축구공은 완벽하게 둥글지 않았기 때문에 가끔 엉뚱한 곳으로 튀기도 했어요.

"하하하."

공이 엉뚱한 곳으로 튈 때마다 아이들은 웃음을 터뜨렸어요. 공을 쫓아 달리는 아이들 발아래에서 흙먼지가 날렸어요. 동주는 교실 창가에 서서 축구 하는 친구들을 내다보고 있었어요.

"드르륵."

문이 열리고 5학년 한준명 담임 선생님이 들어왔어요.

"동주 너는 왜 여기 있어? 어디 아프냐?"

축구를 좋아하는 동주가 교실에 있는 것을 보고 선생님이 놀라 물었어요.

"안 아파요. 그냥 생각할 것이 있어서요."

동주의 커다란 두 눈에 쓸쓸한 빛이 가득 차 있었어요. 한준명 선생님은 인자한 분이었어요. 아이들 마음을 잘 이해해 주었어요. 동주가 글짓기에 관심 있는 것을 알고 [새 명동]이라는 제목을 지어주며 잡지를 만들도록 도와주기도 했어요.

"무슨 일이야? 선생님에게 말할 수 있어?"

동주는 그러고 싶었어요. 동주에게는 1년 넘도록 마음 괴롭히는 문제가 있었어요. 5학년 아이로서는 결정할 수 없는 커다란 문제였어요. 그래서 선생님과 이야기하고 싶었어요.

동주와 선생님은 마주 보고 앉았어요.

"몽규형은 이다음에 독립군이 되어 독립운동을 하겠대요."

선생님이 고개를 끄덕였어요.

"몽규는 용기 있고 대담하니 당연한 생각이다."

동주의 목소리가 가늘게 떨렸어요.

"독립을 위해 싸운다는 것은 훌륭한 일이에요."

"그렇지."

"그래서…… 저도……. 독립군이 되어 일본군과 싸우려고 해요."

갑자기 동주의 목소리가 거칠어졌어요.

"그래야 하잖아요. 나라를 되찾는 것이 가장 중요한 일이잖아요."

선생님이 말없이 고개를 끄덕였어요. 동주의 목소리가 더욱 높아졌어요.

"안중근 의사나 독립운동을 하는 많은 사람처럼 나라를 독립시키려고 몸과 마음을 바쳐야 하잖아요."

선생님이 조용히 물었어요.

"그렇지. 그런데 뭐가 문제야?"

"그, 그런데…… 몽규 형이 저 보고 시인이 되래요."

동주의 목소리는 낮아지고 얼굴은 금방이라도 울음을 터뜨릴 것만 같았어요.

선생님이 동주의 손을 잡았어요. 동주의 손은 차가웠고 파르르 떨고 있었어요. 동주는 죄지은 사람처럼 고개를 푹 숙였어요.

"동주야, 부엌에 가보면 커다란 물 항아리부터 작은 간장 종지까지 크기가 다른 그릇이 많지?"

"예."

"그릇은 크기에 따라 하는 일이 다 달라. 그런데도 물 항아리가 중요하다고 커다란 항아리만 만든다면 간장과 국, 밥은 어디다 담아 먹겠니. 반대로 간장 종지가 중요하다고 작은 그릇만 만든다면 물을 어디에 담겠느냐. 그것과 마찬가지로 사람마다 자기 몫의 일이 따로 있단다."

"하지만 남들은 피 흘리며 싸우는 데 책상 앞에 앉아 시만 쓰는 것은 비겁한 짓이잖아요."

13살 동주의 마음은 태풍을 만난 듯 흔들렸어요.

"하는 일이 다를 뿐이지 비겁한 일은 아냐. 사람들을 감동하게 하는 좋은 시를 쓰는 것은 독립운동만큼 중요한 일이야."

선생님은 동주의 손등을 쓰다듬었어요.

맹자를 사랑한 아이

교실 문이 열리고 김약연 교장선생님이 들어왔어요. 동주와 한 선생님은 자리에서 일어나 공손하게 교장선생님을 맞이했어요.

"동주도 있었구나."

김약연 교장선생님은 동주의 외삼촌이기도 했어요. 김약연 교장선생님은 학교는 물론 명동 마을의 정신적인 어른이었어

요. 행동 하나하나 남들의 본보기가 되었어요. 거름을 짊어지고 날라 학교 땅에 농사를 짓고 못 쓰는 땅을 일구어 농사 지을 수 있는 땅으로 바꾸기도 했어요. 사람들은 외삼촌을 '명동의 대통령'이라고 불렀어요.

"지금 떠나려고 합니다. 한 선생님, 학교를 잘 부탁합니다. 교육이 아이들 장래를 만들고 아이들 장래가 대한민국입니다."

김약연 교장선생님은 환갑의 나이에 평양신학교에 공부하러 가는데 지금 떠날 인사를 하러 온 것이에요.

"교장선생님, 학교는 걱정하지 마시고 건강하게 다녀오세요."

한 선생님이 고개 숙여 인사했어요.

"동주야, 너도 공부 열심히 하고 건강해라."

김약연 교장선생님이 동주 머리를 쓰다듬었어요. 교장선생님이 나가시자 한 선생님이 동주 어깨를 다독였어요.

"봐라. 교장선생님은 목사님이 되기 위해 신학교에 가시지 않느냐? 나라와 민족을 위한 길은 꼭 독립군이 되는 길만 있는 것이 아니란다."

"예. 선생님."

동주는 마음속으로 다짐했어요.

'나는 시를 쓸 거야. 좋은 시를 많이 써서 사람들에게 힘을 줄 거야.'

"동주야, 뭐 해, 나가서 축구 해야지."

"예. 선생님."

동주는 큰소리로 대답하고 교실을 나갔어요. 훨훨 날아가듯 달려가는 동주를 보며 한 선생님이 미소 지었어요.

김약연 교장선생님은 1년 뒤에 목사님이 되어 돌아왔어요. 동주와 몽규는 교장선생님에게 '맹자'를 배웠어요. 한문으로 되어있는 어려운 책이었지만 동주는 재미있고 좋았어요. 특히 '군자로 살아가는 세 가지 즐거움'을 즐겨 읽고 마침내 외우기까지 했어요.

부모구존 형제무고 일락야(父母俱存 兄弟無故 一樂也)
 - 부모님이 살아 계시고 형제가 탈 없으면 첫 번째 즐거움이요.
앙불괴어천 부부작어인 이락야(仰不愧於天 俯不作於人 二樂也)
 - 하늘을 우러러 부끄럽지 않고 사람들 대하는데 부끄럽지 않은 것이 두 번째 즐거움이요.
득천하영재 이교육지 삼락야(得天下英才 而敎育之 三樂也)
 - 천하의 영재를 얻어서 교육하는 것이 세 번째 즐거움이다.

이때 배웠던 '맹자'는 동주가 살아가는데 두고두고 교훈이 되었어요. 시를 쓰는데도 많은 도움이 되었지요.

유명한 시 '서시' 처음 부분에도 맹자에서 배운 구절이 나오지요.

서시
윤동주

죽는 날까지 하늘을 우러러

한 점 부끄러움이 없기를,

잎새에 이는 바람에도

나는 괴로워했다.

…….

중학생이 된 동주

동주는 15살에 명동소학교를 졸업했어요. 그리고 중국인 소학교 6학년으로 들어갔어요. 집에서 학교까지는 걸어서 한 시간이 넘는 거리였어요. 그러나 몽규랑 장난치면서 오고 가는 길은 지루하지 않았어요.
"우리 저 나무까지 누가 먼저 가나 내기하자."
두 발로 달리기도 하고 앙감질로 뛰기도 했어요.
동주는 학교를 오가는 길에 많은 것을 보았어요.
슬프게 고개 숙이고 노랗게 펴 있는 해바라기.
먹을 것이 없어 거지가 되어 떠돌아다니는 사람들.
학교에서 만난 중국 여자아이들.
늦은 시간 집에 오는 길에 만난 밤하늘의 수많은 별.
이것들은 모두가 아름다운 시로 다시 태어났어요.

해바라기 얼굴

윤동주

누나의 얼굴은
해바라기 얼굴
해가 금방 뜨자
일터에 간다

해바라기 얼굴은
누나의 얼굴
얼굴이 숙어지어
집으로 온다

동주네는 용정으로 이사했어요.

"집이 작아졌네."

"초가집이야."

어린 동생들은 이삿짐 사이를 뛰어다니면서 수선을 피웠어요. 두 동생 말대로 용정집은 작았어요. 그 작은 집에 동주네 식구와 할아버지 할머니, 몽규네 식구가 함께 살았어요.

동주와 몽규는 은진중학교(지금의 용정중학교)에 입학했어요.

이사한 다음 집안에는 여러 가지 변화가 있었어요. 아버지가 인쇄소를 차렸는데 사업이 잘되지 않아 생활이 어려웠어요. 그리고 막냇동생 광주가 태어났어요.

중학생 시절. 동주는 다른 때보다도 활발했고 모든 일에 적극적이었어요.

"야, 윤동주. 네가 축구를 이렇게 잘했어?"

친구들이 놀랄 만큼 축구를 잘했고 반대표로 뛰기도 했어요. 밤늦게까지 학교에 남아 교내 잡지 내는 일도 했어요.

"너 교복을 어떻게 한 거야? 멋지다."

모두들 헐렁한 교복을 입고 있는데 동주만 몸에 딱 맞게 고쳐 입어 멋있었어요. 친구들이 부러워하자 동주는 말없이 웃기만 했어요.

"너 정말이지 교복 어떻게 한 거야?"

몽규가 쫓아다니며 물었어요. 동주가 마침내 비밀을 털어놨어요.

"내가 몸에 맞게 고쳤어."

"에잇 거짓말. 네가 바느질을 어떻게 해."

"어머니가 바지저고리를 만들어 주셨을 때마다 자세히 살펴봤거든."

"야 아! 동주 너 참 대단하다."

몽규가 감탄했어요.

학교에서 웅변대회가 있었어요. 동주는 연습을 시작했어요.

"애들아, 이리 모여 봐."

동주는 어린 동생들을 모아 놓고 웅변 연습을 했어요. 절구통 위에 나무 상자를 올려놓고 그 위에 올라가 웅변을 했어요.

"다 같이 생각해 보시기 바랍니다."

동주의 웅변은 차분했고 조용했어요.

"형, 막 소리쳐야지."

"손도 이렇게 올리고 말이야."

동생들이 충고할 정도였어요. 그래도 원고 내용이 좋고 차분한 목소리가 점수를 얻어 동주는 웅변대회에서 1등을 했어요. 상으로 액자에 든 예수님 사진을 받았는데 자랑스럽게 벽에 걸어 뒀어요.

학교 공부도 열심히 했지만 시 쓰기는 더욱 열심히 했어요. 그동안에 머릿속이나 공책 속에 간직했던 것들이 별처럼 빛을 내면서 시가 됐어요. 동주는 이때부터 쓴 시에 날짜를 써 넣고 간직하기 시작했어요.

외톨이가 된 동주

19살이 되던 해였어요.

"형, 정말 축하해."

동주의 목소리가 떨렸어요. 얼굴은 금방이라도 울음이 터질 것 같았어요.

"고마워."

몽규는 신문을 팔락이며 기쁨을 감추지 못했어요. 동아일보 신춘문예에 몽규의 '숟가락'이 당선된 거예요. 신춘문예에 당선되면 작가가 되는 거예요. 동주는 몽규가 한없이 부러웠어요. 그리고 한편으로는 마음이 슬펐어요.

'형은 운동도 잘하고 용감해서 친구들에게 인기도 많은데 글까지 잘 써. 난 뭐야.'

동주의 마음을 눈치챈 몽규가 위로했어요.

"난 작가가 되지 않을 거야. 그냥 써서 보낸 거야."

그 위로는 동주의 마음을 더욱 아프게 했어요. 그냥 써 본 글이 신춘문예에 당선되었다고?

"형은 뭐든지 잘해서 좋겠어."

동주는 중얼거렸어요. 작가가 되지 않겠다던 몽규는 학교를 그만두고 군관 학교로 갔어요.

"독립을 위해 내 한목숨을 바칠 거야."

몽규가 떠나고 얼마 되지 않아 친구 익환이도 떠났어요. 숭실중학교에 들어간 거예요.

"모두 떠나고 나만 남았구나."

믿고 따랐던 몽규와 친하게 지냈던 익환이가 떠나자 쓸쓸했어요. 세상에 혼자만 덩그러니 남아 있는 기분이었어요. 이 쓸쓸함이 동시가 되었어요.

조개껍데기

윤동주

아롱아롱 조개껍데기

울 언니 바닷가에서

주워 온 조개껍데기

여긴여긴 북쪽 나라요

조개는 귀여운 선물

장난감 조개껍데기

데굴데굴 굴리며 놀다

짝 잃은 조개껍데기

한 짝을 그리워하네

아롱아롱 조개껍데기

나처럼 그리워하네

물 소리 바닷물 소리

"저도 숭실중학교에 보내 주세요."

동주는 아버지를 졸랐어요. 며칠간 졸라 간신히 허락을 받아 낸 동주는 숭실중학교에 가려고 시험을 봤어요. 이때 동주는 다시 또 실망했어요. 시험 성적이 나빠서 숭실중학교 3학년으로 들어가게 된 거예요.

"익환이는 4학년인데…."

창피하고 슬펐어요.

그러나 숭실중학교를 오래 다니지는 않았어요.

"우리는 천황의 국민이다. 공경하는 마음으로 신사에 절을 해라."

학교에서는 학생들에게 억지로 일본 천황 신사에 절을 하라고 했어요.

'우리가 천황의 국민이라고? 말도 안 돼. 뭐? 일본 천황 신사에 절을 해? 차라리 학교에 다니지 않겠다.'

동주와 익환이는 숭실중학교를 그만두고 용정 광명학원 중학부로 들어갔어요.

오줌싸개 지도

"이를 어쩌나."

학교를 마치고 집에 가니 고모부가 주먹으로 가슴을 치면서 한숨을 내쉬고 있었어요.

"아이고 몽규야…."

그 옆에서 고모와 동주 어머니가 몽규 이름을 부르며 울고 있었어요.

"무슨 일이에요? 왜 그러세요?"

동주가 묻자 어머니가 눈물을 닦으며 말했어요.

"몽규가 독립운동 하다가 일본 경찰에 잡혀갔다는구나."

"예? 몽규 형이요?"

동주는 몽규가 걱정이 되었어요. 한편으로 몽규의 용감한 행동이 부럽고 자신이 초라하게 느껴졌어요.

'형은 독립운동하겠다는 자신의 꿈을 이루고 있는데 나는

…….'

몽규는 4월에 잡혀갔다가 9월에 돌아왔어요. 그동안 동주는 시를 많이 썼어요. 꿈을 향해 행동하는 몽규에게 지지 않으려고 열심히 시를 썼어요.

'나는 시인이 될 거야. 좋은 시를 아주 많이 쓰는 시인이 될 거야.'

이 해에 40여 편의 동시와 시를 썼으니 동주의 마음이 어떠했는지 짐작할 수 있어요. 책도 많이 읽었어요. 좋은 시가 있으면 종이에 베껴서 다니며 외웠어요.

동생들은 책상 앞에만 앉아 있는 동주에게 놀아달라고 졸랐어요.

"오빠는 맨날 뭐 해? 그게 뭐야?"

혜원이가 동주의 공책을 들여다봤어요.

"뭐야. 뭐야."

이제는 제법 말을 잘하는 막냇동생 광주도 물었어요.

"이건 시란다."

"시가 뭐야?"

"으음. 노래 글이라고 할 수 있지."

동주는 동생들에게 자신이 쓴 시, 조개껍데기를 낭송해 줬어요.

"재밌다. 내 이야기도 써 줘."

광주가 졸랐어요. 동주는 웃으며 뚝딱 동시 한 편을 썼어요.

오줌싸개 지도
윤동주

빨랫줄에 걸어 논

요에다 그린 지도,

지난밤에 내 동생

오줌 싸 그린 지도

꿈에 가 본 엄마 계신

별나라 지돈가?

돈 벌러 간 아빠 계신

만주 땅 지돈가?

"재미있다."

혜원이가 깔깔거리며 웃었어요. 지난밤에 오줌 싼 광주는 토라져서 입이 쭉 나왔어요.

동주는 쓴 시들을 '카톨릭 소년' 잡지에 보냈어요. 잡지에 동주 시가 많이 실렸어요.

"꼭 우리들 얘기 같아."

"재미있어."

아이들은 동주의 동시가 재미있다고 좋아했어요. 어른들은 동주의 시를 보고 위로를 받았어요. 가난한 생활에 지치고 일본에 대한 미움으로 마음이 거칠어져 있었어요. 동주의 시는 거칠고 상처받은 마음을 쓰다듬어주고 용기를 줬어요.

사람들이 시를 사랑해 주자 동주는 점점 자신감이 살아났어요.

졸업반인 5학년이 됐을 때는 학교에서 농구 선수로 활동도 했어요.

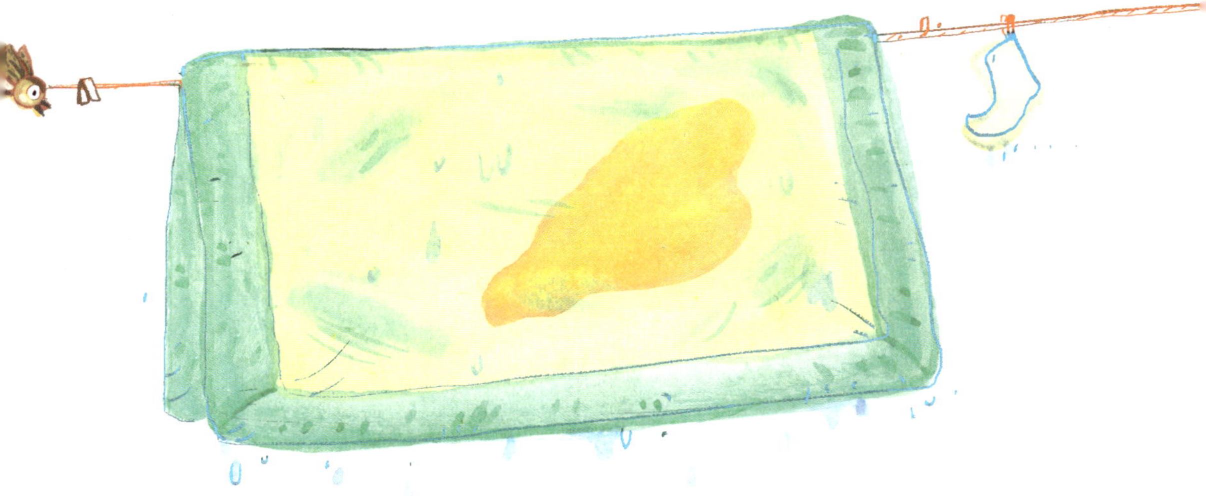
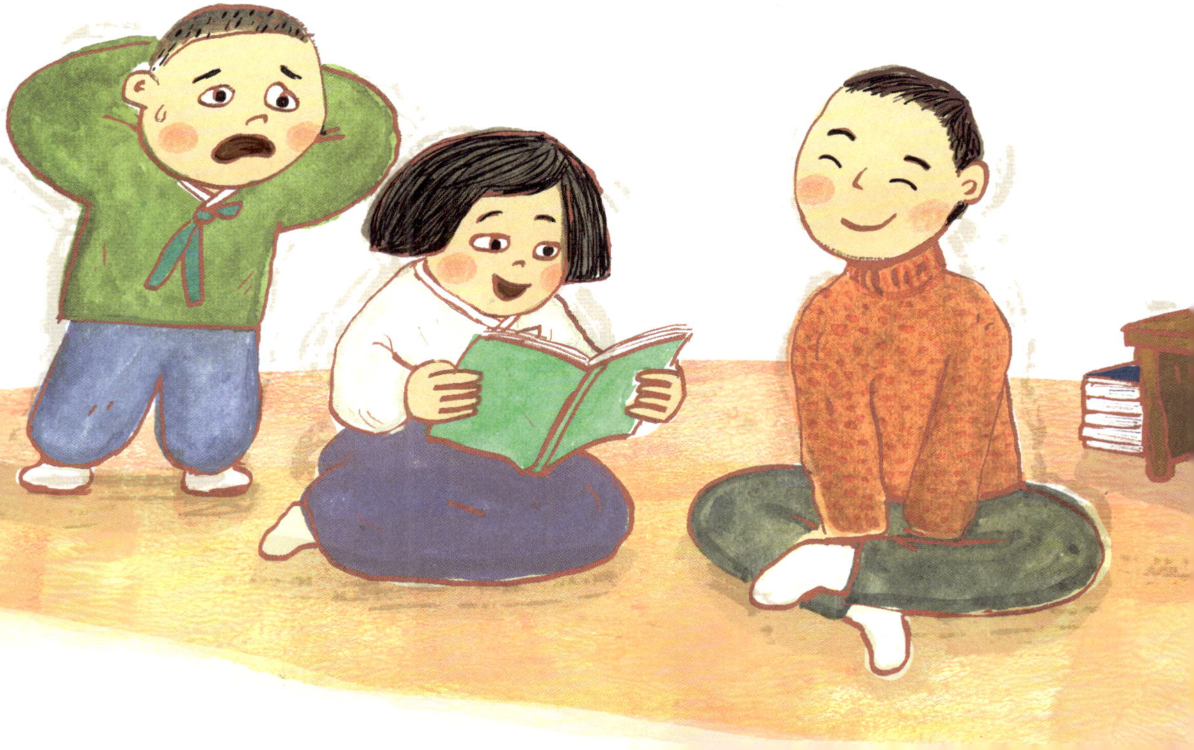

하늘과 바람과 별과 시

21살 윤동주.

아버지가 화난 목소리로 말했어요.

"안된다는데도 그러네."

"아버지, 저는 문과에 가고 싶습니다."

윤동주는 무릎을 꿇고 앉아 아버지에게 사정했어요.

"요즘같이 어려운 때에 문과를 나와서 무엇이 되겠다는 거야. 아버지 말대로 이과에 들어가 공부한 다음 의사가 돼라."

"이과가 제게는 맞지 않습니다."

"맞고 안 맞고가 어디 있어. 하면 되는 거지."

어머니와 동생들은 건넛방에서 숨을 죽이고 귀를 기울이고 있었어요.

"아버지, 저는 그동안 한 번도 아버지 말씀을 어기지 않았습니다."

"그러니깐 이번에도 아버지 말을 들어."

"그러나 이번만은 제 뜻대로……."

아버지와 윤동주의 생각은 조금도 좁혀지지 않았어요.

시끄러운 소리를 듣고 할아버지가 오셨어요. 할아버지가 방에 들어오시자 목소리는 낮아지고 이야기는 조금씩 좁혀졌어요.

잠시 후 윤동주가 벌떡 일어나 할아버지에게 큰절을 했어요. 이어 아버지에게도 큰 절을 했어요.

"감사합니다. 절대 실망시켜드리지 않겠습니다. 감사합니다."

할아버지가 도와주셔서 윤동주는 소원대로 연희전문학교 문과에 입학했어요. 뒤늦게 중학교를 졸업한 송몽규도 연희전문학교 문과에 들어와 같이 기숙사 생활을 시작했어요.

윤동주는 계속 시를 썼어요. 마음속으로 존경하던 시인 정지용 시인을 만나 시에 대한 이야기를 나누는 기쁨도 맛보았지요.

윤동주는 많은 책을 읽었어요. 우리나라 책만 아니라 외국 소설과 시도 많이 읽었어요.

시 '별 헤는 밤'에는 존경하는 외국의 작가 이름을 쓰기도 했어요.

별 헤는 밤
윤동주

······.

'프랑시스 잠', '라이너 마리아 릴케',

이런 시인의 이름을 불러 봅니다.

이네들은 너무나 멀리 있습니다.

별이 아스라이 멀듯이,

······.

윤동주의 별을 사랑하는 마음은 더욱 깊어져 시의 여러 편에 별이 나왔어요.

졸업할 때가 되자 윤동주는 그동안 써 놨던 시를 모아 시집을 내고 싶었어요.

"몽규 형, 나 그동안 썼던 시를 모아 시집을 내고 싶은데 형 생각은 어때?"

윤동주가 묻자 송몽규는 자기 일처럼 기뻐했어요.

"좋은 생각이야. 시집 제목은 정했니?"

"응. 정했어. '하늘과 바람과 별과 시' 어때?"

"멋지다. 동주 너답다. 좋아."

그러나 시집은 나오지 못했어요. 지금처럼 마음대로 시집을 낼 수 있었던 때가 아니었거든요. 참으로 안타까운 일이었어요.

'하늘과 바람과 별과 시'는 훗날 윤동주가 세상을 떠난 후에 나왔어요. 책 서문에는 존경하고 좋아했던 정지용 선생님이 윤동주에 대한 그리움을 실었어요.

아, 윤동주

2차 세계 대전은 끝나가고 있었어요. 가는 곳마다 연합군이 승리하면서 독일과 일본은 도망가기에 바빴어요. 전쟁에서 밀리자 일본은 더욱 포악해지고 악랄해졌어요.

"아는 것이 힘이다. 일본에 가서 좀 더 많은 것을 배워 오너라."

아버지의 말씀 따라 윤동주와 송몽규는 일본으로 공부하러 갔어요. 함께 하숙했지만 다니는 학교도 다르고 생활도 달랐어요.

윤동주는 책을 읽고 문학을 이야기하고 시를 썼어요. 송몽규는 학생들과 비밀 단체를 만들어 독립운동에 열심이었지요.

"형, 나도 함께 가면 안 될까?"

윤동주가 물으면 송몽규는 웃으며 손을 저었어요.

"넌 시인이잖아. 시를 써야지."

송몽규는 이른 아침에 나갔다가 늦게 돌아왔어요. 윤동주는 언제나 송몽규가 걱정되었어요.

"형, 조심해."

송몽규는 독립운동을 하느라고 위험 속을 뛰어다니는데 책만 읽고 시만 쓰는 자신이 한없이 약하게 느껴지는 윤동주였어요.

'형, 미안해.'

1943년 7월 10일

송몽규는 하숙집에 돌아오지 않았어요.

"형에게 무슨 일이 일어난 것일까?"

윤동주는 걱정이 되어 밤잠을 못 자고 꼬박 날을 샜어요. 아침이 되자 윤동주는 송몽규를 찾아 나섰어요. 그리고 송몽규가 경찰서에 잡혀갔다는 것을 알게 되었어요.

"뭐라고요? 형이 잡혀갔다고요?"

"그래, 동주야. 너도 위험 하니깐 빨리 너희 나라로 돌아가거라."

친하게 지냈던 일본인 교수가 알려 줬어요.

"아닙니다. 돌아갈 수 없어요. 비겁하게 나만 돌아갈 수 없어요."

윤동주는 입술을 깨물었어요.

송몽규가 잡혀간 지 4일 뒤, 7월 14일 윤동주도 경찰서에 잡혀갔어요. 송몽규를 도와 독립운동을 했다는 죄였어요.

"송몽규를 도와 독립운동을 했지? 여기에 네 이름을 써라."

일본인 경찰이 독립운동했다는 내용이 적힌 종이를 내밀었어요.

"이건 사실이 아닙니다. 저는 독립운동을 하지 않았습니다."

윤동주는 머리를 저었어요. 경찰이 비웃었어요.

"흥! 비겁하게 혼자만 살겠다는 말이냐?"

경찰은 책상을 내려치며 겁을 줬어요.

"독립운동을 도왔잖아. 이름을 쓰란 말이야!"

윤동주의 두 눈에 눈물이 차올랐어요.

"저는 독립운동을 하지 않았어요. 그게 부끄러워서 이름을 쓸 수 없습니다."

주르르 두 줄기 눈물이 윤동주의 얼굴을 적셨어요.

'나는 독립을 위해 용감하게 나선 몽규 형을 얼마나 부러워했던가. 그러면서도 책상 앞에 앉아 시만 써 온 내가……. 그런 내가 어떻게 감히 독립운동을 했다고 이름을 쓸 수 있단 말인가?'

감방으로 들어온 윤동주는 흐느껴 울었어요.

윤동주는 하루에 한 번 씩 이상한 주사를 맞았어요.

"이게 무슨 주사입니까?"

반항했지만 힘센 경찰들이 양쪽에서 잡고 억지로 맞혔어요. 주사를 맞자 몸에서 힘이 빠져나가고 정신이 희미해졌어요.

윤동주는 누워 있는 날이 많아졌어요. 누워서 보면 벽에 있는 손바닥만 한 창문으로 밤하늘이 보였어요. 별이 반짝이고 있었어요.

별 하나에 추억과

별 하나에 사랑과

별 하나에 쓸쓸함과

별 하나에 동경과

별 하나에 시와

별 하나에 어머니, 어머니,

별만 보면 쏟아져 나왔던 아름다운 시가 더는 생각나지 않았어요.

"아, 시를 쓰고 싶다. 별을 보며 시를 쓰고 싶구나."

그러나 윤동주는 연필 한 자루 들 힘도 남아 있지 않았어요.

1945년 2월 16일.

"으으으아아악!"

윤동주는 비명을 지르며 숨을 거두었어요.

새벽하늘 가득 별들이 초롱초롱한 시간, 별을 사랑하고 별을 노래한 윤동주는 커다란 별이 되어 하늘나라로 가버렸어요.

한 달 후 윤동주와 같은 주사를 맞았던 송몽규도 하늘나라로 갔어요.

그리고 몇 달 뒤, 일본은 전쟁에 졌고 우리나라는 독립했어요.

…….

나는 아빠가 쓰신 글을 다 읽었어요.

눈물이 나와서 끝 이야기는 잘 안 보였어요. 나는 아빠의 글을 가슴에 꼭 안았어요.

"아, 윤동주 선생님……."

윤동주 선생님을 찾아서

여름 방학이 되자 아빠와 나는 중국 가는 비행기를 탔어요. 비행기 안에서 아빠가 윤동주 선생님 시를 공책에 베껴 쓰셨어요.

"왜 시를 베껴 써요?"

내가 물어봤어요.

"시를 베껴 쓰면 그 시와 아주 많이 친해지거든."

나는 고개를 끄덕였어요. 나도 시를 많이 베껴 써야겠어요.

비행기를 타고 2시간도 안 되어 중국 연길 공항에 도착했어요. 공항에서 차를 타고 가는데 나는 참 이상했어요. 거리에 건물들이 빽빽이 서 있는데 우리나라 한글로 쓴 가게가 많았어요.

'아리랑 식당' '속초 순댓국' '인천 철물' '순이 랭면' '맛나 철판구이.'

"아빠, 여기가 중국 맞아요?"

나는 창밖을 손가락으로 가리켰어요.

"중국 맞지."

아빠는 내가 뭘 이상하게 생각하는지 아는가 봐요. 웃으며 설명했어요.

"여기는 연변조선족자치주로 여기서 사는 사람들 중에 반 이상이 한국 사람이야. 그래서 저렇게 한글로 쓴 간판이 많은 것이란다."

"아하."

아빠와 나는 먼저 용정중학교로 갔어요. 윤동주 선생님이 다닐 때는 은진중학교였지요. 교복을 스스로 고쳐 입은 멋쟁이 윤동주 선생님이 나타날 것만 같았어요. 아빠는 사진을 많이 찍었어요.

우리는 다시 차를 탔어요. 차는 도시를 떠나 점점 시골로 달렸어요. 넓은 밭에 노란 꽃들이 예쁘게 피어있었어요.

"아빠, 저게 무슨 꽃이에요?"

"해바라기 꽃이구나."

"아빠, 윤동주 선생님 시에도 해바라기 꽃이 나오잖아요."
"그래, 그래."
아빠는 찰칵찰칵 사진을 찍었어요.
"그럼 저 해바라기는 윤동주 선생님이 보았던 해바라기의 손자 손녀의 손자 손녀겠네요."

"그래, 윤동주 선생님 해바라기의 자손들이겠구나."

노란 해바라기들이 정답게 보였어요.

아빠와 나는 용정 명동 마을에서 차를 내렸어요. 둥근 기둥 모양 커다란 바위에 '윤동주 생가'라고 예쁜 글씨가 새겨져 있었어요. 뒤에는 마을 이름 '명동'이 새겨져 있었어요.

"여기가 윤동주 선생님이 태어나신 마을이란다."

"왜 우리나라 사람이 여기서 태어났어요?"

나는 궁금한 것은 꼭 물어봐요.

"별이는 일본에 우리나라를 빼앗겼던 이야기 알지?"

"알아요. 3학년이잖아요."

"그때 윤동주 선생님 할아버지가 이곳으로 이사 왔어. 그때는 이곳을 만주라고 불렀지."

"일본 사람들이 못살게 굴어서 그랬지요?"

"그래. 이곳도 일본 사람들이 못살게 군것은 마찬가지였지만 여기 명동은 우리나라 사람들끼리 똘똘 뭉쳐 자유롭게 살았단다."

아빠가 내 모자를 바로 씌워 햇빛을 가려 줬어요.

윤동주 선생님 집 대문 옆에 있는 비석에 큰 글자가 새겨있어요. 아빠가 읽어 주셨어요.

"하늘과 바람과 별과 시. 윤동주 선생님 시집 제목이야."

"윤동주 선생님은 별을 많이 좋아했나 봐요."

"윤동주 선생님은 별을 아주 많이 사랑한 시인이지."
나는 기분이 좋았어요. 내 이름이 별인데 '별을 사랑하신 윤동주 선생님' 하니깐 날 사랑하신 것 같잖아요.
우리는 대문 안으로 들어갔어요.

넓고 깨끗한 마당에 윤동주 선생님 집을 구경 온 우리나라 사람들이 많았어요.

"사람들이 많이 왔어요!"

 내 말에 아빠가 말해 줬어요.

"윤동주 선생님의 시가 훌륭하기 때문이야. 선생님은 모두가 사랑하는 시인이시지. 세월이 가도 선생님의 시는 우리나라 사람들 가슴에 영원히 남아있을 거야."

젊은 오빠 윤동주 선생님

아빠가 한쪽이 깨진 비석 앞에 멈춰 섰어요.
"김약연 목사님 기념비구나."
아빠가 찰칵찰칵 사진을 여러 장 찍었어요.
"사람들은 김약연 선생님을 명동의 대통령이라고 불렀어. 지금도 선생님의 비석이 대통령처럼 이 마을을 지켜 주고 있구나."
잘은 모르지만, 김약연 선생님은 굉장히 훌륭한 분이었나 봐요.
아빠와 나는 비석 옆에 있는 명동교회로 들어갔어요. 역사 전시관이래요. 벽에는 많은 사람의 사진이 붙어있었어요.
"명동에서 살았던 훌륭한 분들이야. 모두들 우리나라의 독립을 위해 몸과 마음을 바치신 분들이지."
아빠는 사진 중 한 분을 가리켰어요.

"이 분이 안중근 의사란다. 일본 이토 히로부미 통감에게 총을 쏜 용감한 분이시다."

안중근 의사 사진은 나도 많이 봤어요. 우리 학교 복도에도 있거든요.

"그리고 이 분이 바로 윤동주 선생님이시다."

아빠가 안중근 의사 사진 아래에 있는 잘생긴 오빠를 가리켰어요. 나는 놀랐어요.

"나이가 많은 줄 알았는데 오빠네요, 오빠."

내 말에 아빠가 한숨을 쉬셨어요.

"윤동주 선생님은 젊은 나이에 돌아가셨어. 그래서 이렇게 젊은 거야."

아빠 목소리가 슬퍼서 나도 슬펐어요. 일본 사람은 나빠요. 왜 우리 훌륭한 선생님을 죽였을까요?

"이 분은 윤동주 선생님의 고모 아들 송몽규 선생님이야. 두 사람은 같은 해에 같은 집에서 태어났어. 함께 놀고 함께 공부하면서 친하게 지냈어."

아빠가 윤동주 선생님 옆에 있는 안경 쓴 오빠를 가리켰어요.

"송몽규 선생님도 젊어요."

"그래, 그렇단다. 송몽규 선생님도 윤동주 선생님이 돌아가시고 한 달 뒤에 일본 감옥에서 돌아가셨어."

아빠의 목이 메었어요. 아빠와 나는 말없이 전시관을 나왔어요.

"나라를 빼앗긴다는 것은 슬픈 일이야."

아빠가 손으로 해를 가렸어요. 나는 속상했어요. 답답했어요. 그때 내가 살았다면 일본군하고 막 싸웠을 거예요.

우리는 윤동주 선생님이 태어나신 집으로 갔어요. 일자 기와집이었어요. 집안에 들어가니 구경하는 사람들이 많았어요.

"윤동주 선생님네는 부자였나 봐. 집이 제법 크네."

"방도 넓고."

사람들이 말했어요. 아빠와 나는 방도 구경하고 커다란 물항아리가 있고 가마솥이 3개 있는 부엌도 구경했어요. 움푹 들어간 부엌이 문도 없이 방과 이어져 있었어요. 윤동주 선생님이 방에서 어머니가 밥 짓는 것을 다 봤을 것 같아요.

아빠는 무엇인가 열심히 수첩에 적고 사진도 찍었어요.
나는 다리가 아파서 마루에 나가 앉았어요.

꼬마 시인

　마루에 앉아 있으니 자꾸만 졸려요. 비행기 타고 중국까지 오느라고 힘들었나 봐요. 꼬박꼬박 졸다가 아이들 웃음소리에 놀라 깼어요. 아까까지 여기저기 기웃기웃 구경하던 사람들이 보이지 않았어요. 마루 앞의 마당도 아주 좁아졌어요.
　"어떻게 날 찾았어?"
　남자애가 웃으며 단발머리 여자애에게 물었어요.
　"몽규 넌 맨날 뒷간에 숨잖아."
　여자애가 코 막는 시늉을 했어요.
　'몽규? 몽규가 누구지? 들은 이름인데……. 아, 윤동주 선생님 고모 아들!'
　내가 윤동주 선생님 어린 시절로 와 있나 봐요. 내 또래 송몽규 선생님을 만나다니 재미있고 신기했어요.
　"들켰네. 그럼 막분이는 또 우물 뒤에 숨은 거야?"

머리를 한 가닥으로 묶은 막분이가 손을 흔들었어요.

"난 너 같지 않아. 이번에는 디딜 방앗간에 숨었어. 그런데 점이가 찾아냈지."

몽규가 마루 끝에 앉아 책 읽는 아이에게 소리쳤어요.

"동주야, 우리랑 숨바꼭질하자."

"싫어. 난 책 읽을래."

동주가 대답했어요.

'윤동주 선생님이다!'

나는 윤동주 선생님에게 달려갔어요. 선생님은 내가 보이지 않나 봐요. 옆에 앉았는데 쳐다보지도 않아요. 나는 살며시 윤동주 선생님 팔을 잡았어요. 그런데 선생님 팔이 잡히지 않았어요.

윤동주 선생님이 읽는 책을 들여다보고 나는 깜짝 놀랐어요.

"천재다. 천재. 나랑 비슷한 나이인데 이렇게 어려운 한문책을 읽다니 정말 대단해. 대단해."

윤동주 선생님은 읽던 책을 덮어 두고 밖으로 나갔어요.

나도 졸래졸래 따라갔어요. 어디선가 강아지가 나타나 따라왔어요.

집과 아이들은 사라지고 과수원이 나타났어요. 빨간 사과가 주렁주렁 매달려있어요. 윤동주 선생님은 귀한 보물을 만지듯 사과를 쓰다듬었어요.

"참 붉다. 아름답기도 하지."

윤동주 선생님은 혼자 말을 하며 하늘을 올려다봤어요. 커다란 두 눈에 잘생긴 얼굴이 햇빛에 빛났어요.

"하늘은 어쩌면 저렇게 파랄까?"

바람이 불어와 윤동주 선생님의 옷고름을 잡고 흔들었어요.
"바람은 또 얼마나 부드러운지……."
나는 고개를 끄덕였어요.
"선생님은 어렸을 때부터 꼬마 시인이었구나."
나는 따라온 강아지를 쓰다듬었어요.
"선생님, 강아지 시도 쓰세요!"
내 말을 듣기라도 한 듯 윤동주 선생님이 강아지를 쓰다듬었어요.

윤동주 선생님 미안해요

"별이가 피곤했던 모양이구나."
아빠가 날 흔들어 깨웠어요.
"아이 참. 나 윤동주 선생님 만나고 있었단 말이에요."
윤동주 선생님과 조금 더 있고 싶었는데…. 내 말에 아빠가 빙긋 웃으셨어요.
"진짜예요."
"우리 별이도 시인이다. 꼬마 시인."
아빠 말에 깜짝 놀랐어요. 내가 꿈속에서 어린 윤동주 선생님께 한 말을 아빠가 내게 하시다니…….
"빨리 사진 찍고 윤동주 선생님 묘소에 가자."
아빠는 여기저기 다니며 시비(시를 새긴 비석) 사진을 찍었어요. 아빠 뒤를 따라다니던 나는 걸음을 멈췄어요. 사과라는 제목의 시비 앞이었어요.

사과
윤동주

붉은 사과 한 개를

아버지 어머니

누나, 나, 넷이서

껍질채로 송치까지

다- 나눠 먹었어요.

반가워 웃음이 저절로 나왔어요. 아빠가 다가왔어요.
"그 시가 좋아? 사진 찍어 줄까?"
"아빠!"
"왜?"
"아무것도 아니에요."

내가 윤동주 선생님과 과수원에 가서 사과 본 이야기를 하면 아빠는 안 믿겠죠?

나는 '사과' 시비 앞에서 손가락으로 브이(v)자를 만들고 방긋 웃었어요.

"찰칵!"

아빠가 사진을 찍어줬어요. 집에 가면 윤동주 선생님 동시를 베껴야겠어요. 그러면 선생님 동시랑 많이 친해질 거예요.

차를 타고 윤동주 선생님 묘소로 갔어요. 묘소로 올라가는 동안 우리는 아무 말도 하지 않았어요. 마음이 점점 답답해졌어요.

"여기가 윤동주 선생님 묘소야."

좋아하는 윤동주 선생님 묘소라서 그럴까요? 아니면 슬퍼서 그럴까요? 아빠의 목소리가 잠겼어요.

아빠와 나는 윤동주 선생님 묘에 절을 했어요. 두 번째 절을 하고 일어났는데 아빠가 안 일어나요. 어깨를 들썩였어요.

'아빠가 우나?'

아빠가 일어났어요. 눈가에 눈물이 있어요. 정말 우셨나 봐요.

"아빠, 왜 우세요?"

아빠가 우니깐 나도 눈물이 날 것 같았어요.

"속이 상해서 그래. 이 아까운 시인을 젊은 나이에 죽이다니… 억울하고 분하구나."

"……."

목이 메케하고 아팠어요. 윤동주 선생님이 오래오래 살았다면 좋은 시를 더 많이 써서 세계에서 제일 훌륭한 시인이 됐을 거예요.

아빠가 묘 등 잔디 사이에서 풀을 뽑았어요.

"아, 나쁜 놈들."

풀을 뽑으며 아빠가 울었어요.

아빠의 울음이 내게 옮겨 오려 해요. 입술이 달달 떨렸어요. 나는 두 손으로 입을 가렸어요.

풀을 다 뽑고 난 아빠가 윤동주 선생님 묘에 다시 절을 했어요. 아빠가 울면서 말했어요.

"윤동주 선생님 미안합니다. 선생님을 그렇게 보내서 정말 미안합니다. 선생님, 이제 편히 쉬세요."

나도 절을 했어요.

"윤동주 선생님 아, 안…녕…! 으앙……."

참았던 울음이 터졌어요.

다시는 윤동주 선생님처럼 훌륭한 시인을 남의 나라 사람이 죽이는 일이 없어야 해요.

아빠가 나를 안았어요. 아빠와 나는 오랫동안 윤동주 선생님의 묘소 앞에 서 있었어요.

작가의 말

별과 윤동주 선생님

　나는 별이 좋아요
　그것, 알아요? 별은 누워서 봐야 하는 것 말이에요. 앉아서 고개를 들고 보면 오래 못 봐요. 목이 아프거든요.
　어렸을 때는 여름이면 마당에 멍석을 깔고 저녁을 먹었어요. 저녁을 먹고 날이 어두워지면 멍석에 누워 별을 올려다봤어요. 그때는 공기가 맑아서 별들이 아주 가깝게 보였고 무척 컸어요. 어른 주먹만 했다니까요. 그렇게 큰 별이 아주 아주 가까워서 금방이라도 내 품에 떨어질 것 같았어요.
　겨울에는 솜이불을 마루 끝까지 끌고 가 뒤집어쓰고 별을 봤어요. 앉아서 보면 목이 아프고 누워서 보면 처마에 가려 많은 별을 볼 수 없었어요. 겨울 별은 마음에 항상 부족했어요.
　중학교 때 윤동주 선생님 시를 만났어요. 선생님 시에는 별이 많이 나왔어요. 어떤 시에서는 다정하게 어떤 시에서는 쓸쓸하게…….
　"윤동주 선생님도 별을 참 좋아하셨구나!"

선생님이 나처럼 별을 좋아하신 것을 알고 얼마나 기뻤는지 몰라요. 그 후부터는 별만 보면 선생님 생각이 났어요.

바닷가에서, 사막에서, 배 갑판에서, 건물 옥상에서, 작업실에서, 별을 보았어요. 장소가 어디든지 별만 보면 선생님 생각에 목이 메워지고 슬펐어요.

오래오래 사셨으면 더 많은 별을 보셨을 텐데…….

어느 날, 별이 속삭였어요.

"슬퍼하지 말아요. 나는 별과 함께 있는 걸요."

그날부터 별을 본다는 것은 윤동주 선생님을 보는 것과 같아졌어요. 슬퍼하지 않고 반가움으로 별을 보게 되었지요.

이 책을 쓰고 나니 윤동주 선생님이 더욱 그리워요. 소백산 천문대에 다녀오려고 해요. 벌써 예약도 해 놨어요. 천문대에서 보면 크고 작은 수많은 별을 더욱 또렷하게 볼 수 있을 거예요. 선생님 시 몇 편 골라 큰 글씨로 베껴 갈 거예요. 별빛에서도 낭송할 수 있도록 말이에요.

그것 알아요? 별을 보려면 달이 뜨지 않는 날을 골라야 한다는 것 말에요. 그래야 별을 더 많이 볼 수 있거든요.

별을 사랑하는 동화 작가 소중애

윤동주 시인이 살아온 길

1917년(1세) 만주에서 아버지 윤영석과 어머니 김용의 맏아들로 태어남

1025년(8세) 명동소학교 입학

1927년(10세) 급우들과 함께 〈새 명동〉이라는 잡지를 만들었음

1932년(16세) 용정 기독교 학교 은진중학교에 입학

1934년(18세) 「초한대」, 「삶과 죽음」, 「내일은 없다」등 3편의 시를 썼음
작품에 창작 날짜를 기록하기 시작

1935년(19세) 은진중학교 4학년 1학기 마침
평양 숭실중학교 3학년 2학기 편입
숭실중학교 YMCA 문예부 〈숭실활천〉 제15호에 시 「공상」 발표

1936년(20세) 신사참배 강요 문제로 스스로 학교를 그만두고 고향으로 돌아옴
광명학원 중학부 5학년에 편입, 간도 연길에서 발행되던 잡지
〈카톨릭 소년〉에 동시 발표

1937년(21세) 진로 문제로 아버지와 갈등

1938년(22세) 광명중학교 5학년 졸업

1939년(23세) 서울 연희전문학교 문과 입학, 기숙사 생활 시작,
이양하 선생님께 영시를 배 움 〈조선일보〉 학생란에 산문
「달을 쏘다」, 시 「유언」, 「아우의 인상화」를 발표, 학교 후배
정병욱을 알게 되어 이화여전 구내 형성교회에 다니며 영어
성서반에 참석, 동시 「산울림」을 〈소년〉 3월 호에 발표

1941년(25세) 연희전문학교 〈문우(文友)〉지에 「우물 속의 자화상」,
「새로운 길」을 발표, 연희전문학교 4학년 졸업,
「하늘과 바람과 별과 시」를 출간하려다 포기 시집을 3부
만들어서 1부는 자신이 갖고, 이양하 선생님과 친구
정병욱에게 1부씩 선물

1942년(26세) 「쉽게 씌어진 시」등 작품 5편을 서울의 친구에게 보냄,
교토 도지샤 대학 영문학과에 편입

1943년(27세) 독립운동 협의로 검거되고 책과 작품, 일기를 압수 당함

1944년(28세) 독립운동을 했다는 이유로 교토 지방 재판소에서 2년형을 받음
규슈 후쿠오카 형무소에서 정체불명의 주사를 맞음

1945년(29세) 규슈 후쿠오카 형무소에서 젊은 나이에 사망

1948년(32세) 정음사에서 정지용의 서문을 붙인 시집
「하늘과 바람과 별과 시」를 출간

1968년 유작 「서시」가 새겨진 '윤동주 시비'를 모교인 연세대학교 교정에
건립하고 제막식을 가짐

1990년 대한민국 건국훈장 독립장을 받음

* 여기에 실린 시는 『별을 사랑하는 아이들아』 윤동주 동시집(푸른책들)을 참고 하였습니다.

꿈터 어린이 문학 16

별을 사랑한 시인 윤동주

초판 발행 2016년 7월 25일 **초판 4쇄 발행** 2022년 4월 28일

글 소중애 **그림** 최현묵

펴낸이 허경애

편집 김하민, 윤지영 **교정** 이기진 **디자인** 최정현 **마케팅** 정주열

펴낸곳 도서출판 꿈터 **출판등록일** 2004년 6월 16일 제313-2004-000152호

주소 서울시 마포구 양화로 156, 엘지팰리스빌딩 825호

전화번호 02-323-0606 **팩스** 0303-0953-6729

이메일 kkumteo77@naver.com **블로그** http://blog.naver.com/kkumteo-

인스타 kkumteo

ISBN 979-11-85801-32-2

ⓒ 소중애·최현묵
신저작권법에 의하여 한국 내에서 보호를 받는 저작물이므로 무단전재와 무단복제를 금합니다.
이 책의 글과 그림 일부 또는 전부를 재사용하려면 반드시 저작권자와 도서출판 예원미디어&꿈터 양측의 동의를 얻어야 합니다.

어린이제품안전특별법에 의한 제품 표시
제조자명 꿈터 | 제조연월 2023년 4월 | 제조국 대한민국 | 사용연령 만 8세 이상 어린이 제품
주의사항 종이에 베이거나 긁히지 않도록 조심하세요. 책 모서리가 날카로우니 던지거나 떨어뜨리지 마세요.

* KC 마크는 이 제품이 공통안전기준에 적합하였음을 의미합니다.
* 잘못된 책은 구입하신 서점에서 바꾸어 드립니다.

이 도서의 국립중앙도서관 출판예정도서목록(CIP)은 서지정보유통지원시스템 홈페이지(http://seoji.nl.go.kr)와 국가자료종합목록 구축시스템(http://kolis-net.nl.go.kr)에서 이용하실 수 있습니다.(CIP제어번호: CIP2016016355)